"犹"智的思维

[德] 蓝龙（Raphael Genis）著

Jewish Wisdom Mindset

清华大学出版社
北京

北京市版权局著作权合同登记号　　图字：01-2019-6105

本书封面贴有清华大学出版社防伪标签，无标签者不得销售。

版权所有，侵权必究。侵权举报电话：010-62782989　13701121933

图书在版编目(CIP)数据

"犹"智的思维 /（德）蓝龙（Raphael Genis）著. —北京：清华大学出版社，2020.1
ISBN 978-7-302-53995-7

Ⅰ. ①犹… Ⅱ. ①蓝… Ⅲ. ①希伯来语—语言读物②犹太人—格言—汇编
Ⅳ. ①H671.394：H

中国版本图书馆 CIP 数据核字(2019)第 230895 号

责任编辑： 张立红
封面设计： 梁　洁
版式设计： 方加青
责任校对： 郭熙凤
责任印制： 沈　露

出版发行：清华大学出版社
　　　　　网　　址：http://www.tup.com.cn，http://www.wqbook.com
　　　　　地　　址：北京清华大学学研大厦 A 座　　　邮　编：100084
　　　　　社 总 机：010-62770175　　　　　　　　　　邮　购：010-62786544
　　　　　投稿与读者服务：010-62776969，c-service@tup.tsinghua.edu.cn
　　　　　质 量 反 馈：010-62772015，zhiliang@tup.tsinghua.edu.cn
印 装 者：小森印刷（北京）有限公司
经　　销：全国新华书店
开　　本：185mm×130mm　　印　张：6.25　　字　数：165 千字
版　　次：2020 年 1 月第 1 版　　印　次：2020 年 1 月第 1 次印刷
定　　价：88.00 元

产品编号：084589-01

蓝龙
(Raphael Genis)

德籍以色列犹太人
犹太思维智慧教育专家
阿拉法犹太家庭教育创始人兼 CEO
世界园长大会特邀嘉宾
TEDx 香港以及 TEDx 杭州特邀嘉宾
TTF（尝试失败）公益组织创始人
《"犹"趣的思维》《"犹"钱的思维》作者
中国国际广播电台、新华社和瞭望东方撰稿人
播放量超 200 万的喜马拉雅专栏讲师
中国银行全国巡讲嘉宾

感 谢

我一个人在国外生活了 12 年，在中国生活的 8 年时间里，有差不多一半的时间是在创业，经营我的业务。是的，这条路走得不容易，是一段充满了挑战和挫折的曲折的旅程。但无论如何，这段经历对我整个人生而言绝对是值得的。

在中国出版我的第三本书，我想借此机会感谢我的父母，我的父亲 Eli 和我的母亲 Irit，感谢你们给我的爱和支持。当然我也非常感谢我的弟弟 Roy 和妹妹 Loren，他们不仅是我的弟弟妹妹，也是我最好的朋友！

在这 8 年的中国生活中，我很幸运地遇到了许多真诚、善良，特别热情有爱的中国人，他们来自中国各地、不同的性别和年龄，没有他们，我将一事无成，这就是为什么我如此感谢他们。

首先，我要感谢李聪颖小姐，这位才华横溢、技艺精湛的设计师与我合作完成了这本书的定稿。这绝对是一条漫长的充满挑战的路，但这绝对值得，我很感激她能成为我这本书的艺术伙伴！

我要感谢我的同事、我的朋友黄冰女士，感谢她过去 3 年来一直在这里帮助我、鼓励我，最重要的是包容我的不足。没有她的帮助，我绝对难以坚持到现在。我还想感谢曹雅蓉小姐，感谢她提供的设计和艺术构思，帮助我完成了这本书。

非常感谢一个聪明、勤奋、开朗的年轻女孩方安婷小姐，是她将这本书由英文翻译成中文，这绝对不是一件容易的事情,感谢她对这份工作的细致、勤奋和担当。我要感谢我的朋友汤思女士，感谢她对这本书的付出和用心，没有她对本书审美的高要求，本书的视觉布局将会完全不一样。

我要感谢同样重要的、我的两个很有想法且勤奋、年轻的同事曾小倩和赵欣珏小姐，她们帮我完成这本书的审核，确保你们——我们的读者能更好地理解它。

最后，我要感谢我的其他中国朋友们，感谢他们多年来在中国给予我的爱、支持和帮助。感谢他们，让我虽然远离家乡，身在中国，却有一种宾至如归的感觉！

谢谢大家！

引 言

倘若你正读着这些文字，我猜也许你已经购买了我的第三本书。或者你可能足够幸运，某人把它买下作为礼物赠予了你。但无论这本书是如何到你手里的，这都表明了在某种程度上你是对它感兴趣的，或者至少有些好奇（如果没有的话，那就假装有吧）。

所以我在想，是什么令你对它提起兴致的呢？是因为你已经熟悉并且赞同我的那些不同的观点吗？（是否有点在夸奖我自己？）或者是因为你对于如何更好地领会犹太人的思维有所好奇？抑或只是想要学习一种新的思维，以改变你原先的思维呢？

"你的观点很有启发！你总是能够令人从不同的角度思考一个问题"，这是在深圳的一处文化创意园中，在一家富有创造性和艺术感、氛围静谧的餐厅吃晚餐时，我的朋友告诉我的。当时我为了让他对我们生活中的梦想的概念和本质有更深入的理解，举了一杯水的例子作类比。

就像这位朋友一样，人们不止一次告诉我：我有自成一体的立场和世界观，能够使得他们反思、挑战，甚至打破他们大脑中根深蒂固的传统思维模式。

这些可以是关于梦想、爱情、人际关系，有关意义、工作、金钱、学习、家庭教育或者生活，主题各有不同，但最终的目标总是一致的：幸福！

是的，无论你叫什么名字，从哪里来，又会去哪里，作为人类，一旦我们的生存需求得到了满足，我们就会把幸福当作值得追寻和渴望达成的最终理想！

因此，如果幸福是我们每个人都孜孜以求的目标，随着现代社会日新月异的发展，为何我们人类虽有能力用研究和开发来解决几乎任何一个复杂的难题，从疑难杂症到环境问题，但始终未能解决一个无法逃脱的重大困扰："如何生活得快乐？"

是的，我知道这远不止是一个直截了当的简单疑问，相信这或许是我们从来都无法真正找到解决方式的世纪难题之一。因为快乐尽管听起来那么普遍、纯粹和直接，它仍然是一个抽象、宽泛、十分复杂的概念。

那么我如何能帮助自己（是的，我也在寻找快乐）和他人——其他个人变得快乐呢，过上更有意义、更充实的生活呢？这是我四五年前反问自己的一个问题，在我决定是否在中国创业之前。

每当我被问到自己的职业时，我通常是这样回答的："我是在帮助人们寻求更多的快乐。"说到这，脸上总挂着笑容。

是的，的确如此。我举办线下和线上的讲座，经常写文章、出版书（愿你们也读过我的前两本书），每天都在跟很多人对话。我会阅读各类书，检验各式各样的调查研究，思考新的观点，聆听一些饶有趣味的人生故事，观察他人同时反省自我。除了呼吸和饮食以外，还有另一件事是我，Rafa 花费了生活中一大部分时间做的：整体上都是在学习，一直在深挖和探索尤其是幸福的概念。我不仅试着了解为什么我们没能获得真正的快乐的问题，更重要的是能够做些什么，如何能过得更快乐一些。

这就是我最后决定投身教育的初心，与中国的家长和年轻人协力合作，分享不同的思考方式，不一样的思维模式，尝试帮助他们打开眼界，打破思维的局限，为生活注入更多的意义和热情，由此提升他们的生活质量，从而让他们变得更健康快乐！

快乐可以在我们的舒适圈里找到吗？或者我们需要去外界寻找它吗？若选择的数量更多、范围更广，我们就会觉得更幸福吗？拥有更多的钱能让我们变得更好还是更坏？还有关于我们的心态，一个农民是否可能会比亿万富翁生活得更幸福？没有希望和梦想我们真的能生活吗？学习和成长对于我们的幸福重要吗？有多重要呢？是成长的过程还是结果更重要呢？没有经历过程就轻易取得的结果（比如赢得一场比赛，从大学毕业，获得荣誉学位）是否真的有价值，能让我们打从心底感到幸福呢？最后，幸福真正的组成要素是什么？它的本质又是什么呢？

那些只是我这些年遇到过、反思并且试图找到答案的众多问题当中的几个——也是我决定写作并出版我的第三本书《"犹"智的思维》的原因，以此作为尝试传达另一种声音的渠道，与大家、我亲爱的读者们，分享我的思想、见解和看法！

记得有一次回以色列度假，在沙滩漫步时，我正兴致盎然地与一位本地朋友详谈第三本书的细节，对方曾问过我："为什么很多人都不开心呢？""这是个好问题，"我夸了他，然后开始反思自己。

倘如我们都想要幸福，那么为什么只有少数人能真正获得快乐呢？我们多数人是掉入了何种陷阱，是什么样的事物阻止了我们获得幸福呢？是我们的外部环境吗？或是我们的经济状况和物质财产？还是周围的人和社会呢？又或者可能只是我们自身，是自己阻断了自己通往快乐的路径呢？

是的，我知晓并认同外在的条件和社会确实影响着我们的幸福水平（如果连衣食住行等生存需求都未能满足又怎么谈到快乐呢？），但是，那样的影响只能维持到某一特定的临界值，当跨越了这一阶段，在我们跨过这个门槛后，一切都只取决于我们自己，我们用自己的思维去影响自己的幸福了。

而这就是为什么主宰自己的思维如此重要。因为一旦我们能够把握这个主动性，就有能力驾驭自己的生活了——这就是幸福的关键所在！

所以，我们要如何打破和掌控我们的思维呢？这便是《"犹"智的思维》旨在帮助你实现的。它引用犹太人的语言，通过希伯来语中 88 个独特而意义非凡的词汇，试着从一个全新的角度助你应对和处理传统的固有的思维模式。

为什么"המדא"（土地）这个单词构成里藏着一个"םדא"（人）？寓言故事和影响力之间有什么联系？为什么"האצמה"（发明）这一词里涵盖"אצמ"（找到）这个词根？"אתורבח"（哈瓦鲁塔）一词能教给我们怎样独特的学习方法？"תמא"（现实）、"ןימאהל"（相信）、"אתורבח"

（练习）这几个词为何共有一个词根？为什么希伯来语中没有与退休相对应的词？这些只不过是许多启迪心智的新思维中的几个例子，更多的内容等待着你去一探究竟。

此外，就像我的前两本书一样，通过添加简短的解释和生动的插画，我试图把那些新奇而繁复的哲学和心理学概念转化成简明易懂的观点，帮助你更好地领悟、吸收，从而在生活中运用。

我相信你不是为了看完这本书而去阅读它，而是为了试着参照那些观点并拷问自己，如何能以此对比和联系你个人的生活和心态，或者换句话说，由此思考和反省。唯有这样，你才能使得这本书所能提供的真正价值最大化。

正如我的前两本书，虽然内容也许会有不同，但核心观点是一致的——目的在于帮助你思考，而不仅仅是抛出最终的答案，让你从一个被动的读者转为主动的参与者，关注的是过程而非结果！

而这便是思维——犹太思维的全部：思考、反省和学习，或者说是成长，从不停止成长。

说到最后，那么关于幸福呢？就像著名的犹太心理学家维克多·弗兰克尔曾经说的：幸福永远不能作为终点，它更应该是我们成长中自然而然的结果，而不是幸福本身要作为我们生活中所追寻的终级目标。

预祝阅读愉快，满载而归！

Raphael Genis 蓝龙

חוכמה

[Hochma]

智慧

成功是由外部构建的,而一个"人"则是从内部塑造的。
成功往往建立在你所接受的制度化教育的基础之上,
然而,"人"总是通过你的家庭教育和社会教育塑造的。
成功取决于你的成就,你获得多少财富,或者你拥有什么样的社会地位。
"人"是由你的价值观,(当你知道他人无法帮助你时)你如何对待他人,
或(当无人看见时)你如何表现而定义的。

我们的世界并不因缺少成功者而变得黑暗:成功者比比皆是。
我们的世界因缺乏"真实者"而缺少"光明":真实者难寻踪迹。
在你追求外在的地位之前,加强你的内在价值。
短期而言,财富、社会地位或事业成功让你觉得更高大;
然而,长期而言,正直、善良和谦虚使你变得更强大。
努力成为一个人,这样你才能真正变得更美好、更强大、更快乐!

LAND

一片土地与另一片土地几乎没有什么区别,
它们的土壤是相似的,它们都有生长的潜力。
一个孩子与另一个孩子之间只有很小的差异,
他们的天赋是独一无二的,他们都有潜力取得成功。
一片土地变得比另一片更好、更有价值,
不是因为它的土壤,而是因为投入了时间来种植它。
一个孩子比另一个孩子更优秀、更成功,
不是因为他的"天赋",
而是因为投入了更多的时间来培养他。
一片土地,就像一个幼小的孩子,
有无限的成长潜力和自我实现的潜能。
为什么一个人能实现自身的价值从而获得成功,
而另一个人却不能?
资金来源是首要条件,
但家庭教育和父母的指引才是决定性因素。

חופש

Hofesh

作为人类，
我们都追求自由，
因为自由是幸福的先决条件。
理论上说，我们都自由地生活在监狱之外，
但实际上，我们大多数人被囚禁在监狱里：
我们是自己所追求的金钱的"奴隶"，为此我们牺牲了健康；
我们是自己过于在乎他人意见的"奴隶"，为此我们忘记了
自己是谁；
我们是自己大脑的"奴隶"，为此我们失去了快乐。
自由不是被赠予的，而是从财富、精神和思想上赢得的：
通过赚取足够的金钱生活（需要知道什么时候已经足够），
过我们自己真实的、有意义的生活，控制我们自己的大脑。
这就是自由是如何找到的，这就是幸福是如何获得的。

自由 FREEDOM

אמת
Emet

现实 / 真实
REALITY　　　TRUE

飞行是不可能的，直至莱特兄弟发明了飞机并使之成为可能。
远程交流是不可能的，直至萨缪尔·摩尔斯（Samuel Morse）发明了电报。
没有火便不可能保持光明，直至爱迪生发明了灯泡。
在我们尝试之前，一切都是不可能的。
在我们尝试之后，没有什么是不可能的。
不可能与可能、理想与现实之间的鸿沟存在于我们的头脑和行动之中：
我们多么坚定地相信它，
我们多么愿意为了得到它而尽心竭力，努力工作！

להתבגר

Lehitbager

从外表看，他们像成年人，
而他们的行为举止像是孩子：
他们不承认自己的失败，
无法控制自己的情绪，
不愿为自己的错误道歉，害怕"丢面子"。
从理论上说，他们应该长大了，
事实上，他们没有。
虽然说，成长是一个自然的简单过程，
但实际上这是一场具有挑战性的斗争：
不是与他人战斗，而是与我们自己。
不关乎外部的势力，而是内部的控制。
不是控制他人，而是控制我们自己。
成长是由我们的思维和行为决定的，
而不是年龄和外表。

成长

GROW UP

我们努力工作是因为我们希望赚更多的钱去改善我们的生活。
我们去健身房是因为我们希望有一个更好的体魄和自我体验。
我们为我们所爱的人做事情是因为我们希望他们快乐，从而自己快乐。

因为有回报，才会有动力；
有动力，才会有付出；
有付出，才会有回报。

לך לך

Lech Leha

为自己前行

GO FOR YOURSELF

真正的幸福源于自我实现，以及有意义的生活。
一个有意义的生活源于知道自己是谁以及想要什么。
为了得到它，我们需要走出我们的舒适区去寻找！
当我们迈出去了，我们便付出了，
只有付出了，才会有回报！

许多人梦想拥有一个更大的家,
只有少数人能够感恩于自己已经拥有一个家。
许多人喜欢在不得不长途跋涉时抱怨,
只有少数人懂得珍惜他们实际上有两条腿可以走路的事实。
许多人一直盯着别人,
渴望拥有更多自己没有的东西。
只有少数人能够真正审视自己,
欣赏自己已经拥有的东西。
感恩意味着懂得欣赏和甄别,
善与恶,真与伪,
这就是智慧!
当我们懂得感恩了,我们就能找到幸福;
因为感恩能带来幸福,而非幸福带来感恩。
当我们能够感激我们所拥有的,
我们便更加自信地成为自己,
勇敢地去追求我们想要的生活!
感恩使我们更聪明、更健康、更快乐!

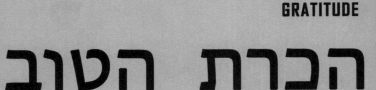

感恩
GRATITUDE

הכרת הטוב
Hakarat Hatov

当我们受伤时,
我们身体感受到的痛苦,不同于我们不得不等待时心感受到的痛苦。
当我们跌倒并开始流血时,我们的身体开始受伤,
这种疼痛是为了保护我们,帮助我们生存。
当我们选择放弃即时的奖励而等待长期的回报时,
我们的心开始受到伤害:
这种痛苦是为了防止我们冒任何风险,并帮助我们保持安全。
我们的大脑寻求生存,寻找短期的安全和更大、更快的回报!
但是我们的幸福来自成长,来自尝试新事物,
来自等待,来自长远的眼光。
这是需要耐心的,
这就是为什么痛苦可以被感觉到。

חוצפה
Chutzpah

肆无忌惮
CHUTZPAH

为了生存,我们需要「做」。
为了成功,我们需要「行动」。
做,意味着被动,
做我们的工作,
完成我们的家庭作业,
做我们不得不做的事。
行动强调能动性,创造机会,探索新路,让事情发生。
普通人等待门打开,他们是被动的。
非凡之人打开门,他们是主动的。
这就是普通人和非凡之人的不同之处
——积极行动,勇于思考和表达。

没有食物和水，我们就无法生存。
没有刺激和学习，我们的大脑就无法运转。
对于犹太人来说，没有生活的生存，
就像活着却没有意识一样，这是不可能的。
心脏为我们提供了基本条件，
但大脑给了我们真正的意义。
生活就是寻找并拥有意义，
只有我们的大脑才能帮助我们找到意义，
这就是为什么我们应该尽力去保护它。

שומר ראש

Shomer Rosh

护卫

BODY GUARD

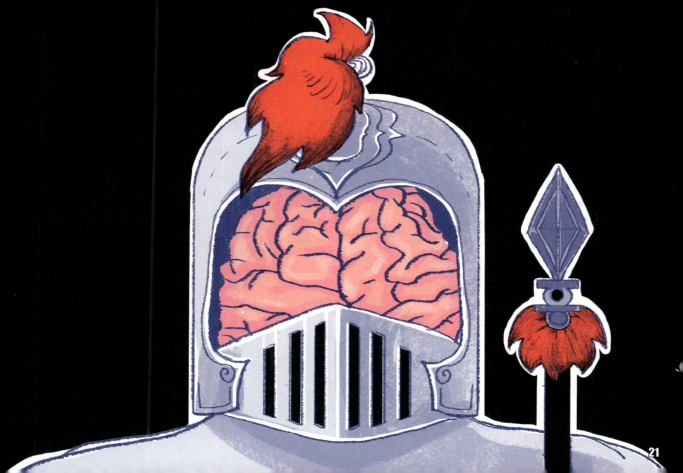

犹太人在到达以色列之前在沙漠上行走了40年；
诺亚和动物们在洪水退去之前在船上待了40天；
婴儿在其母亲的子宫里发育40天后才能确定性别。
40代表变革！
水在云中不可见，下雨时便可见，冻结于地面时可触，回归空气时便又不可见。
水代表着适应力！
就像数字40和水的本质一样，我们的世界在不断变化，我们必须采取即时行动！
我们需要保持敏捷性和灵活性，以适应我们周围的变化——不是作为一种选择，而是作为生存的唯一选择！

מים

Maim

WATER

ראש
Rosh

头脑
MIND

是成功带来健康还是健康带来成功？
是健康带来幸福还是幸福带来健康？
是幸福带来积极的思维，
还是积极的思维带来幸福？
幸福、健康和成功，
我们想要的一切，梦想的一切，
都从我们内在改变，从我们自身改变开始；
它是影响我们周边一切的源泉！
这就是为什么在培养技能之前要首先培养我们的思维，因为积极的思维先于成功的技能。

הצלחה
成功 Hatzlaha　　　SUCCESS

当拥有了一技之长，我们就会有所成就，
它可以是艺术、商业或者社交方面的。
就像独自游泳一样，要想游到成功的彼岸，
我们还需要自律、不断地挑战自己、坚持下去，
这就是成功的关键。
唯有我们能够掌控自己的大脑，我们才能取得胜利。
成功并不是短跑，而是一场马拉松。
在这场持久的马拉松里，
成败取决于我们掌控大脑的能力和坚持到底的毅力。
这就是能让普通人取得非凡成就的秘诀。

מעפן
Mafan

问题是大多数人尝试避免的,因为他们觉得不妙——它是成长的阻碍。
而问题却是犹太人寻求发现的,因为他们认为这是好事——一种成长的机遇。
因为,犹如混乱是形成秩序的机会,问题也是寻找解答的良机。

没有问题就不会有解答,没有问题就不会有机遇。
问题创造了机遇,而机遇推动了创新。
有创新才会有成长!

我们年纪越大，会变得越封闭：
不再尝试新的东西，不愿结识新的朋友，
也不再去新的地方，停止学习新技能。

בני אדם
Mehalchim

人类
HUMAN

我们停止了进步，开始倒退，
一如往常地存活着，却停下了生活的脚步，失去了平衡！
而没有平衡，就不会有幸福。
没有成长，就不会有平衡，是成长带来了幸福！
不断前进，不断探索，不断成长，这就是生活的全部。

תיקון עולם

Tikun Olam

我们的世界黑暗的原因不是有很多自私自利的坏人，
而是没有足够意愿为他人着想、无私奉献的人。
这便是"修复世界"的含义，
它与社会道德标准以及追求社会正义有关。
用个人的天赋和集体的力量创造不同，
为我们，也为下一代开拓一个更美好的世界。

修复世界 REPAIRING THE WORLD

אתמול / מחר
Etmol　　　Mahar

TOMORROW / YESTERDAY
明天 / 昨天

在西方文化里，我们经历了时间。

而在犹太文化里，我们观察着时间。

在西方文化里，当我们"经历时间"时，它就属于过去了：这就是为什么我们把昨日抛到脑后，忽略它，把过错遗忘。

而在犹太文化里，当我们"观察时间"时，它就属于我们了：这便是为什么我们把昨天放在眼前，保护它，从失误中学习。就像一个生命有机体凭借过往的记忆去适应未来多变的环境，犹太人认为应该用"我们眼前"熟悉的过去来帮助自己更好地适应，朝着"身后"未知的未来摸索前进。

כוונה
Kavana

我们可以工作或学习，志愿服务或捐赠；重要的不是做了什么，而是为什么而做。

何谓意义：
为什么做着自己正在做的事情？
这个「为什么」因人而异：
因我们的身份、个性、品格而不同。
但它的核心和原则必须始终如一，
发自内心地追随自己的热情，
发挥自己的潜能，帮助他人创造价值。

意向 INTENTION

אחדות
Ahdut

十八万个以色列士兵,全世界一千四百万个犹太人;
个人的潜力有限,但集体的力量无穷!
从以色列的军事防御到诺贝尔奖获得者,
无论是革新的发明还是财富的积累,
都是每个个体团结协作的结果。
个人的才能凝聚成一个智囊团;
是这一过程定义了结果。
一支队伍合为一体战斗总比各自为战更有力量,
这种力量不是由团队的规模决定的,
数量不是质量的指标。

团结 TOGETHER

הגינות
Haginut

人，生而平等，
这是人应该受到平等对待的原因。
公平不是我们作出的选择，而是肩上担负的责任。
公平不仅与如何待人有关，还有我们为他人做了什么。
它不为帮衬和支撑社会上强势与富有的阶层，
相反，为了帮助与保护弱小和贫困者。
因为当我们积极坦率地向弱势群体伸出援手时，
也间接地帮助了自己：
因为不让他们跌倒，就不会拖了大家后腿。

公平 FAIRNESS

להנציח

Lehanziah

BEAR FIRMLY IN MIND
牢记不忘

历史性的时刻,
非同一般的人物和与之相关的重大事件;
正是昨天发生的事影响了现在的我们:
我们是谁,做着什么,今天生活得怎么样。
对于多数人,铭记那些伟人是一个选择——以表敬意。
而对于犹太人,铭记并"让他们永垂不朽"是必要的。
"记住"一词的词根在《圣经》里出现了不止172次,
这并非偶然:
犹太人的未来建立在过去之上,
那是一段不得不被牢记的过去,
要向未来的后代传达。
一个人生理的寿命是短暂的,
但精神却可以永生!
只要我们将过去铭记于心,
保存在记忆里,在心里!

גמול

Gmul

我们想要减肥时,
可以服用减肥药,减吃正餐;
或者在饮食上控制得更健康、去做运动。
我们想要学习一门语言时,
可以选择不断背诵文中的词汇;
或者到外面跟母语人士练习。
我们想要快乐时,
可以选择待在自己的舒适圈里安稳地活动;
或者出去冒险尝试新事物。
你选择了什么,付出了多少,
将影响你的收获,
就像你的收获可以反映出你的付出和选择
一样——你的选择即回报本身。

PAY BACK

回报

一辆车需要驱动的燃料，否则不能行驶。
一个人需要活着的希望，否则不能成长。
每当我们在生意上遇到困难，在爱情中失望，朋友之间出现问题时，
每当生活的挫折将我们推倒时，
希望的力量把我们拉了起来！
希望之于心灵，好比食物之于身体——给了我们坚韧不拔的意志，
不懈奋斗的能量，屹立不倒的信念。
它保护了我们的幸福，推动着我们走向成功！
我们拥有越多的希望，就会被赋予更多坚持的力量。
坚持得越久，勇气越强劲。
希望给了我们勇气！

מנהג
Minhag

  创新驱动了未来，但没有传统不会有未来。犹太人保护传统习俗。如果那些传统习俗没有得到保护，就不会有犹太人。

  重视和维护传统习俗并不是成长的选项，它是生存的必需，因为没有传统的国家就如同没有根基的树木——必然倾覆、死亡。

习俗
CUSTOM

在很多文化里，天赋是成功的最优条件 —— 如果你能轻易获得它，那么你就可以事半功倍，说不定还能功成名就。但在犹太文化里，天赋是成功最大的风险——如果毫不费力就能拥有它，你往往会偷奸耍滑，以为这样仍然可以有更多收获，也许你就会一败涂地。天赋和运气是同一枚硬币的两面：它会使你受伤或者获益，挑战或者锤炼，这都取决于你。唯有建立在刻苦劳作、勤勉和执着的中流砥柱之上，它真正的价值才会最大化地突显。

אסור
Asur

不允许
NOT ALLOWED

禁止偷窃、说谎,杜绝婚外恋!
有很多事情是我们明令禁止的。
很多文化用"禁止"的方式约束人们,
而犹太文化则倾向于以一种"不允许"的方式去思考。
前者在外部的世界里束缚了人们,
不鼓励独立思考,限制了人的责任心。
而后者则是从内心出发,
在批判性思维的基础上,注重培养责任意识。
需要外部的监管才能够制约的方式可以在短时间内减少问题的发生。
然而基于人们内心的责任感去约束的方法才能经得起考验,长期奏效。

פיקוח נפש
Pikuah Nefesh

你会为了拯救一个垂死的亲人而倾尽所有的财富吗?
你会为了救一个住院的朋友,
在星期六那天开车出去捐血而触犯宗教戒律吗?
你会为了不让一个士兵枉死,将千万战俘从牢狱中释放吗?
对犹太人来说,答案是明确、直接、显然的——会!
金钱也好,道德观念或者宗教义务也好,
没有什么是比人的生命更重要的!
因为犹太人相信,救人一命就好比拯救了全世界。

拯救生命
SAVING A LIFE

פנים
脸 Panim
FACE

每当我们动辄发脾气,怒气冲冲时;
每当我们陷入绝望,对未来悲观时;
每当我们贪婪无度地赚钱,欺骗了一个又一个人时;
我们内心感觉不愉快,将这种感觉向外界表达和传递——
通过一些行为以及待人的方式,向他人散布"冷漠"和"黑暗",
刻意挤出虚假的笑容。
然而,每当我们对生活满怀热情和好奇心时;
每当我们对未来抱有希望和乐观时;
每当我们做着自己热爱的事情,忠于承诺时;
我们会从心底感觉快乐,将这种感觉向外界表达和传递——
通过我们的行为以及帮助他人的方式,传播"温暖"和"光明",
展露真挚的笑脸。
我们内心的感受影响着我们外在的表现,而我们的外在表现反映了内心的感受。

抽烟上瘾，读书太少，饮食不健康，极少锻炼；
理论上我们想要作出改变，但实际上我们寸步难行。
"从今年起我要戒烟了"，
"从今天开始我每天都要读书"。

Herghel

习惯
HABIT

我们通常想当然地认为，每当大脑作出了一个决定，
与此同时人也会作出相应的改变，
实际上这往往就是失败的原因。
每当大脑发出改变的信号，作出了抉择时，
只有我们行动起来，只有我们去实践它，
通过展开短期的行动，我们才能长期地影响大脑的思维。

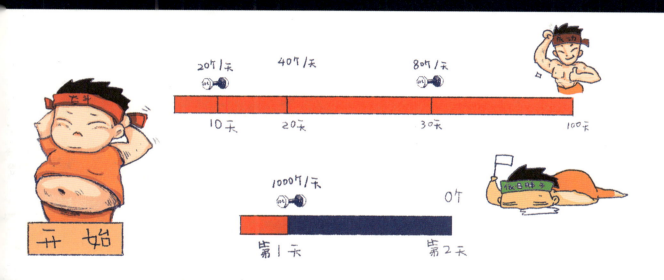

多数人认为金钱是"静态的",
而犹太人眼中的金钱是"活跃的"。
多数人认为金钱只不过是一个物件,
而在犹太人眼里,
金钱是一种"抽象的能量"。
就像水应该在河流中尽情地流淌,
能量也在空气中不断地流动。
而金钱就如水和能量一般,
如果能得到更自由持续的流通和分享的话,
它就会产生更多的价值和回馈;
从内心提升我们的健康和幸福感,
从而在外界积累财富,
丰富我们的生活。

מעשר

Ma'aser

捐款

TITHING

אושר / Osher

金钱和快乐:
一个是手段,另一个是目标。
是金钱"买"到了快乐还是快乐带来了金钱呢?
当我们的收入在"基本需求"之下时,
更多的钱可以"买"到更多的慰藉。
但当我们的收入在"基本需求"之上时,
更多的钱会引发更多的问题。
更多的金钱能够满足我们的躯体,
然而金钱却滋养不了我们的心灵。
快乐与内心的感受有关,而不是建立在身体的舒适之上的。
金钱带来了生存,然而只有有意义的生活、
感恩的心和真诚的交往才能带来快乐。
正是快乐"赏识"了金钱的价值,
而不是金钱"赏识"了快乐。

幸福 / 有钱
HAPPINESS RICHNESS

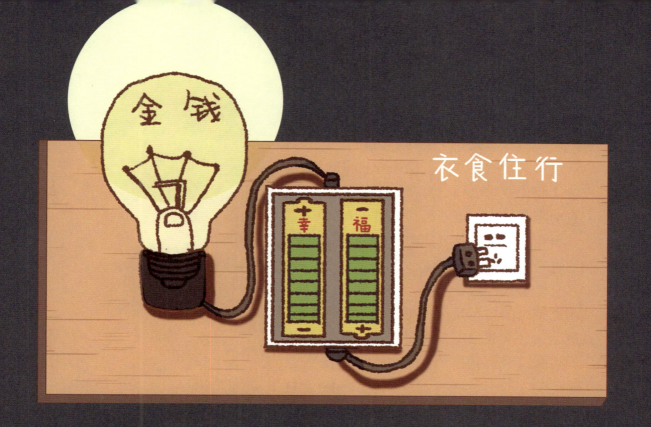

עושר
Osher

金钱有"两张面孔"。
它能改善我们的生活，也能摧毁我们的生活。
它能让我们变得更好、更积极乐观、更有责任心，
它也会把我们变得更邪恶、更消极和自私。
金钱会带给我们一种真切的机遇，能够提升他人的价值；
但它也会给我们一种错觉，让我们误以为同时提升了自己的价值。
邪恶还是善良，两个选项，一个选择。
前者是消极的自然反应，而后者是积极的自由选择。
这就是为什么我们需要诸如感恩、谦虚、责任和善良等核心价值观
——以保持我们扎根于土地的稳定。

有钱
RICHNESS

Kesef

金钱
MONEY

在中文、德语和波兰语中，
金钱都与金色有关，
为了强调它富有魅力、力量等积极的一面。
而在希伯来语里，
金钱则与银色相关，
突出它有歧义的一面：
外在看似有益，而内在却藏有风险。
当没有钱时我们会紧张、担忧、焦虑不安，
这让我们的生活看起来很"苍白"。
然而当我们已经拥有了很多钱，
却仍然贪婪地渴求更多的钱时，
这也会让我们的生活变得"苍白"。
金钱本身并不是问题，
问题在人们低估了它的潜在风险和摧毁力时才会出现。

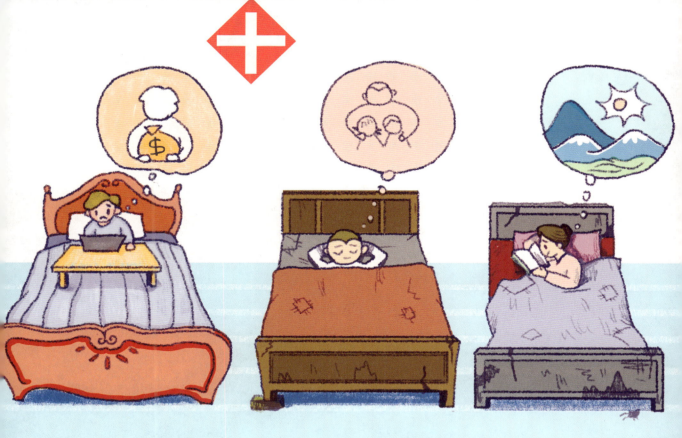

Shalem
完整
COMPLETENESS

我们都想要赚钱，它能从表面上改善我们的生活，给我们带来内心的平和与充实。这就是为什么我们常常不顾一切，为它投入宝贵的时间和精力。

很多人想要赚取更多的钱，而且越快越好，这就是他们不惜以牺牲自己的道德观念和原则为代价的原因。

但是，倘若我们从外界赚钱的行为并不是由内心深处的正义感驱使的，当我们选择了暂时的捷径而不是长远的价值观时，那么无论在外面赚取了多少钱，它都不会为我们带来内心渴望的真正的平静，以及完完整整的充实。

שפע

Shefa

富足 ABUNDANT

吃一小块巧克力,我们会惊叹它的美味,但如果吃了一整块巧克力蛋糕,就不一定这么认为了。

我们买的第一辆法拉利跑车会让我们感觉自己很特别,然而买第十辆法拉利应该就不会这么激动。

就像初恋是最难忘的经历,但从那以后的每一次恋爱可能并非如此了。

赚到人生的第一个一百万元会让我们异常兴奋,然而再多赚几百万元时亦非如此了。

因为就像其他任何一种产品或者经历,金钱的数量一旦达到某一特定的界限,它的价值就不会提升了。

当你处在这一界限以下时,你会享受它,它的价值也会一直提升,带给你积极的影响。

然而当你越过了这个界限时,它的价值就会降低,给你带来消极的影响。

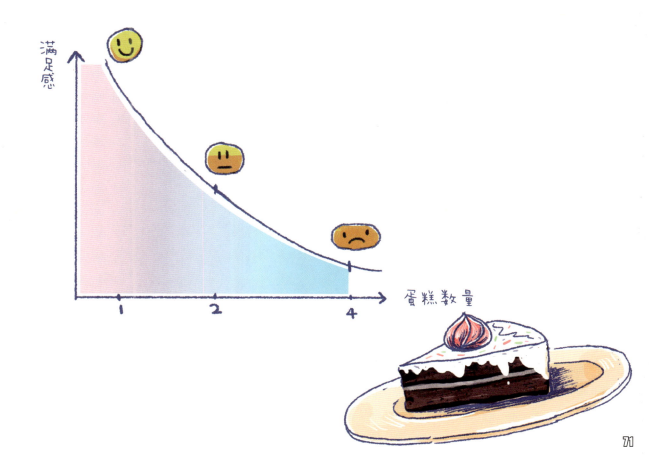

当外界一片漆黑时,我们点亮一盏灯照明;
当外界冰冷刺骨时,我们生起一堆火取暖;
当遭遇外界不公时,我们就用慈善修复它。
我们的世界是"破损的",
充斥着贫穷、疾病和自然灾害,
这是我们应该用慈善修复它的原因。
就像我们生命的成长离不开水的浇灌,
社会必须有慈善的举动才能得以存在。

Zdaka

慈善

CHARITY

赢得一场比赛，通过了一次考试，
或者在工作上得到了晋升；
我们渴望得到的越多，
就会越愿意为此挥洒更多的汗水。
在能看得到回报的情况下，
所有人都愿意投入短时间的努力；
然而如果这样的回报只能靠理想来支撑的话，
只有少数人甘愿涉险，坚持不懈。
因为选择努力面对长期的挫折和挑战，
需要先牺牲短期内付出的时间和精力，
但这在往后更长的时间里，
并不能确保得到任何结果或者回报。
这就是为什么真正的努力更多是靠勇气坚持的，
而不是最开始的热情。

אחריות

Ahrayut

责任感

RESPONSIBILITY

我们年少时期盼着更快地成长，长大成人，
因为那样会有更少的束缚；
我们贫穷时会想着赚更多的钱，变得富有，
因为如此才有更多的自由。
随着年龄和财富的增长，
我们拥有更多的权利。
有了权利，就会有义务，
权利越多，意味着责任越大：
对自己的行为和表现负责是第一步，
照顾好我们的家庭、亲人和要好的朋友则是下一步。
一旦我们的经济条件允许，
保护和帮助社会上更弱小的阶层就会是最后的一步了，
也是最终的义务！

"意愿"和"欲望",灵魂和肉体,
"大脑新皮层"和"爬虫类脑",
每个人内心有两个自我在做持续的斗争;
一个为了长期的稳定而想要作出正确的决定,
而另一个则渴望短期的收获而选择了自私的行为。
它们之间的这场永无休止的冲突决定了我们成为怎样的人:
一个自律的人和一个放纵的人的区别在于控制大脑的能力,
是"大脑新皮层"在支配着"爬虫类脑",
灵魂战胜了自我,诚实和正义打败了欺骗和谎言。
一个正直的人会用他理性的头脑,
不偏不倚地掌控自己不理智的行为。

ישר

正直 UPRIGHT

Yashar

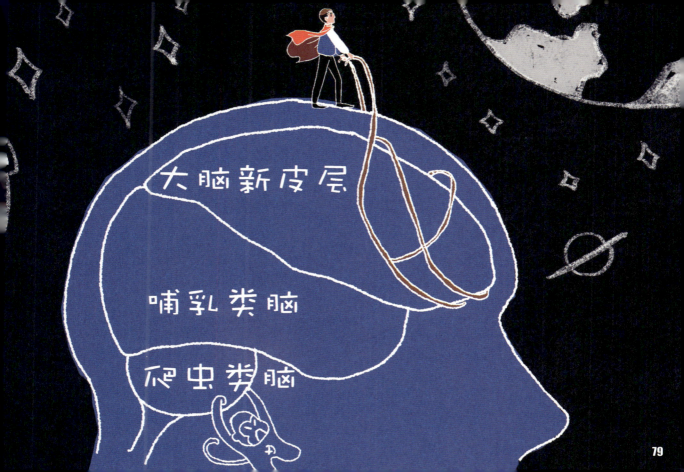

דבקות במטרה   坚持

Dvekut　　　Bamatara　　　PERSISTENCY

尼采说:"一个人知道自己为什么而活,他就近乎能承受一切。"
这个"为什么"是内在独立的、有意义的目标、缘由或者信念,
它是驱使我们每个人作为人类应该坚持的:
早晨起来怀着满腔热情,积蓄能量,勇往直前,
在似乎有些退却的时候仍不放弃自己的信念。
创立自己的事业,实现某种独特的天赋或者去环游世界……
我们的目标通常不同,是独一无二的,
而这就是我们孜孜以求的。
我们的"为什么"是帮助我们实现它,
持之以恒,克服挑战,它是我们在工作和生活中前进的驱动力。
人人都有自己的那一个"为什么",
然而不是每个人都知道自己的"为什么"。
你知道你自己的吗?

Kavod

RESPECT

　　无论是人、动物还是植物，在犹太文化里，尊重所有的生命是我们生活的准则。要敬重一位成功的有钱人很容易，但我们也应该平等地尊重穷人和弱者。因为不管是我们的老板还是用人，一朵绚丽的花还是一株普通的植物，一只威武的狮子还是纤弱的兔子，它们的外表会有差异，但它们的内在是一致的，都是构成和属于宇宙的生命有机体。

25%　　　　　　25%

No money

25%　　　　　　25%

地 球

谦虚
MODESTY

צניעות
Zniut

当你有钱了，就很容易会炫耀自己的财富，不炫耀，反而要难得多！
当你在说话时，用天花乱坠的词语吹牛很简单，要不这么做，反而难了！
当你是老板时，要吹嘘自己轻而易举，不这么说，反而还难倒你了。
然而这种傲慢和自大的作为只在短期内行得通，
谦虚才是长远之计，
它能升华一个人的内心世界，令我们的形象熠熠生辉。
就像衣服是用来遮掩和保护我们的身体，
谦虚对于包容我们的自私、妒忌、贪欲和自负心理也是必要的。
这就是为什么它如此重要：它"减少"了我们的敌人，
增加了我们的亲和力，保护了我们的财富，
这样我们才能不会跌倒。

智慧

חכמה

Hochma

WISDOM

多数人受安全感和贪婪之心驱使——他们缺乏耐心。
多数人热切地追求着别人所拥有的，
而不是去欣赏自己所拥有的——他们缺乏独立的判断力。
多数人寻求熟悉和安稳的环境，而不是新鲜感和探索欲——他们缺少好奇心。
这就是为什么普通人满大街都是，但真正的智者却凤毛麟角。

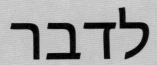

Ledaber

我们通常都喜欢与人交谈，探讨不同的事物。但人们也会"过于健谈"，轻易作出承诺，惯于自卖自夸地炫技。问题不在于理论上我们说了什么，而是在现实中我们是否能说到做到。一则犹太谚语"口头承诺比纸质条约更难能可贵（一诺千金）"告诉我们"谨慎措辞"有多么重要，因为我们说出的话应该跟自己能做到的事情相匹配。

TO SPEAK

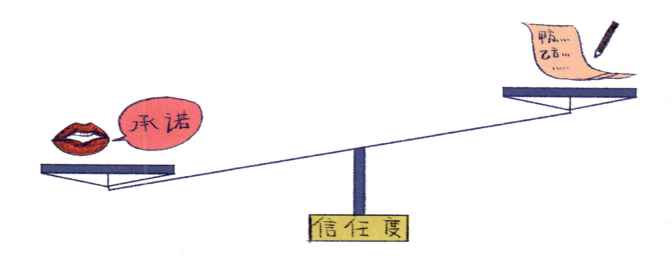

גניבת דעת

Geneivat Da'at

盗取思维 TO STEAL THE MIND

一位政治家理论上承诺了许多事情，
但在现实中却不愿践行它 —— 他不过是为了宣扬自己。
一个商店的店主把自己的商品形容得十全十美，
但实际上掩盖了它的瑕疵 —— 他只是为了卖出这个商品。
一个客户询问了价格，但事实上并不打算购买
——仅仅是为了假装自己对这件商品感兴趣罢了。
在犹太文化里，"Geneivat da'at"比说谎有更深层的含义，
它是一种"盗取思维"的原罪，比偷窃更严重。
因为我们偷窃时，偷的是一件实实在在的物品；
然而当我们蒙骗他人时，
相当于"偷取"了他人用其思维去思考和独立做决定的权利！

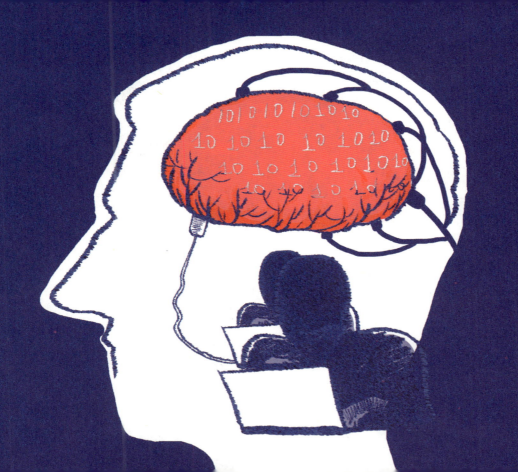

灵魂
SOUL

מצפון
Mazpun

水手在茫茫的海面上掌舵航行,乘风破浪;
远足者艰苦跋涉,穿过了一片孤寂的荒原;
飞行员驾驶着飞机,从天的一边驶向另一边。
不同的人,道理相同:
在他们自由的道路上,如果没有罗盘的指引也许会摊上大麻烦,
——那是一个简单的仪器,通常是只装有一根指北针的刻度盘。
我们每个人都是如此,心里都安着一个罗盘——我们的"良知"。
它不是指向北边的,而是指出了善的一面:
每当我们要作出某个选择、决定或采取行动时,
正是我们内心的良知促使我们辨别好坏、是非、对错。
因为就像罗盘的用途是为我们指引到达目的地的方向,
我们的良知也能帮助我们自己寻找到人生的最终目标 —— 幸福。

בגד
Beged

衣服 GARMENT

亚当和夏娃会用衣物遮盖他们赤裸的身体，因为他们清醒地意识到他们辜负了上帝的信任，并为此感到羞耻。而现在，人们穿上衣服以掩饰自己的缺陷：年纪愈大，对自己的不完美会愈发不满足。就像服装遮掩裸露的躯体一样，我们人类会试图裹上"外壳包装"以掩盖自己内心的不完美，要让自己看起来比实际更富有、更漂亮、更聪明！这就是为什么人的表象应该只是用以判别其内心本质的某项指标（人不可貌相）。

רחמים
Rahamim

怜悯之心 COMPASSION

富人可能会同情穷人，好比健康的人也许会怜惜病人。
当一个人看到另一个人有困难时，
他的内心会自然地产生一种怜悯之心，
——这是维系人与人之间最强烈的情感。
就像一个母亲能够感知到自己孩子的喜怒哀乐一样，
我们也应该用内心深处最柔软的部分，
就像母亲对孩子一般去体会他人的感受。
因为这是最深刻的人际关系得以形成的所在。

A v
אב / אם
　　　　Em
FATHER
爸爸 / 妈妈
　　MOTHER

我们的大脑和心脏依赖身体里的血管运作。
我们的血管则依靠红白血细胞的供养生存：
红细胞在体内流动运转，
而白细胞则保护我们免受外部的侵害。
就像我们依靠着自己的血管生存一般，
孩子要仰仗自己的父母才能成长：
父亲相当于白细胞，象征着知识与传统的源泉，
强调逻辑和理性，滋养着学识和智慧，
培育勇气、自信和生存的本领；
母亲则代表红细胞，是维系人体的纽带，
重视感情和情绪，
培养着关爱、善良、怜悯心和人际交往的技能。
就像我们体内血细胞之间的协同运作，
父母彼此的配合对于培养一个更健康、
快乐和强壮的孩子有着深远的影响。

אח / אחות

Ah Ahot

在大众的认知里，
医院里一般都会有男性或女性护士。
在犹太文化里，
家里也会有。
很多文化的共同之处是，
兄弟姐妹意味着血缘关系。
而在犹太文化里，
兄弟或姐妹的意义也隐含着身体与心灵的连接。
一个护士会为自己的病人做的，
兄弟姐妹也会为自己的同胞付出：
哥哥会倾听你、保护你，
姐姐会安慰和照顾你。

哥哥 / 姐姐 BROTHER / SISTER

在家里，我们有父母，
他们的一举一动影响着我们。
在外面，我们有师长，
他们的言谈举止教育着我们。
如果学校里的老师不够称职，
那么家里的老师可以做弥补。
但如果家里的老师缺席了，
那么无论学校里的老师有多好，
这种遗憾几乎都不可能被弥补。
真正的教育源自家庭，
家长是孩子的第一位老师。

家长
PARENT

נעשה ונשמע
Na'ase V'nishma

有些人不喜欢思考,
他们早晨醒来以后,就去上学或者工作,
饿了吃饭,累了就睡觉
——他们的生活依赖漫无目的的"自动驾驶仪"。
而另一些人耽于空想:
他们会思索自己的爱情关系,不喜欢从事的工作,
想要品尝的巧克力蛋糕,不断思索自己理想的人生
——他们的生活里只有"如果"。
懒于思考或者过度思考,不同的情况却是一样的结果:
都会误导我们走向一条缺乏成就感和无意义的生活轨道。

犹太人认为一个愚蠢的问题就是没有问过问题;
唯一的失败就是不敢迈出尝试的一步。
多点行动,少些顾虑,会帮助我们积累经验,
从而开拓我们的视野,增长我们的智慧,
让我们成长得更快,变得更快乐,
让生活变得更充实,更有意义!

先行动,再思考
DO FIRST, UNDERSTAND LATER

TRY

爱迪生在发明电灯之前做了 1000 次失败的尝试。
J.K. 罗琳在《哈利·波特》成功面市之前曾遭 12 家出版社拒绝。
亚伯拉罕·林肯在当选美国第 16 任总统之前曾 8 次落选。
犹太人相信唯有行动才能创造奇迹。
一旦我们有勇气尝试和坚持,
每一个梦想,甚至是最不切实际的那一个也会成真。
这就是奇迹的诞生,为了奖励那些敢于尝试、勇往直前的人们。

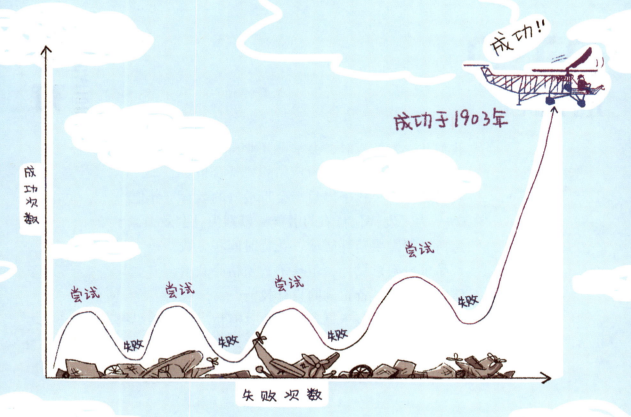

חינוך
Hinuch

教育
EDUCATION

我们开一家新店时，会举办开业典礼
——意在对外展示店内产品的独特价值。
我们生养一个孩子以后，会用最好的教育培养他
—— 为了发挥他特有的潜能，以期为社会效力。
这两者都需要消耗能量、花费时间和金钱。
产品可以随意设计，但孩子必须精心栽培。
研发产品要具备正确的设计技能，
然而教育一个孩子更多的是要具有恰当的培养思维，
就像园丁培植种子的方式：
密切地观察、热心地照料、积极地护理和不懈地坚持！

"我从老师那儿学到了很多知识,
甚至也向朋友们学习了,
但绝大部分是从我的学生那里学会的。"
《革马拉》中一位著名的犹太拉比说道。
当我们向某人学习时能学有所得,
但教授某人时会让理解和体会更深刻!
我们的学习离不开理解和记忆,
但如果要为某人讲解则需要思考和准备,
这进一步强化了我们学习的体验。
我们学习时产生的疑问有助于将知识融会贯通,
但在教学中学生们提出的问题更能引发我们的思考,
为我们提供了一个截然不同的、更为深入的思考角度,
从而帮助我们更好地领会。
教与学好比同一枚硬币的两面
——为了学得更好,我们必须教会别人,
而在教他人的过程中我们总会学得更好!

ללמד

Lilmod / Lelamed

学习 / 教导

TO LEARN TO TEACH

לשאול
Lishol

提问
TO ASK

从逾越节里《出埃及记》的故事
和《塔木德》中提到的犹太人，
到犹太学校里的学习和家庭教育，
犹太文化不仅仅是信息的共享，
更多的是关于提出问题。
犹太人认为，没有提问的学习就好比
到访了以色列却没有涉足耶路撒冷一样，
是一种不完整的、毫无价值的、不完美的体验。
因为每提出一个问题，我们的大脑都会思考。
只有我们思考了才能真正地学习，
学得更好，体会得更深，成长得更快。
就像我们想要写张纸条但没有笔时会向别人借，
当我们需要得知某事时会去询问，
向他人借用信息。
借到的笔需要返还，但信息不用。
知识可以通过收集得到，从而产出更多的价值。

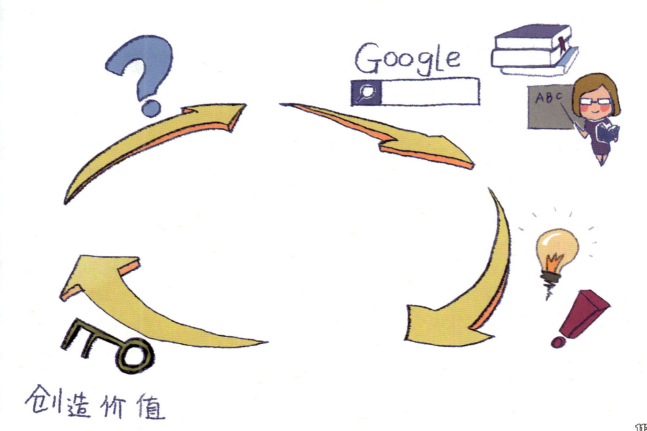

למה
Lama

为什么
WHY

"你们犹太人为什么总是用问句回答所有的问题呢?"在一则流传的笑话里,一个外邦人向一个犹太人这么问道。犹太人回答说:"为什么不呢?"犹太人强调提问的重要性。比起用"什么"来提问,比如,"做什么?""这是什么?"他们更喜欢问"为什么",如"我们为什么这么做?""为什么是这样的呢?"

没有提问,我们就不会知道答案;如果不知道答案,我们永远不会成长。如果不问"为什么",我们就不会找到问题所在,找不到问题就无法创新。用"什么"来提问只能让你认识表象,这是外在的;然而多问"为什么"能让你深挖问题的根源,这是本质的。这就是一切发明创造的开始。

בטחון
Bitahon

安全感 / 自信
SECURITY　CONFIDENCE

一辆法拉利跑车，
一块劳力士手表，
或者一个 LV 包包，
这些物件可以从表面增进我们的自信心。
一个温暖的家庭，
父母的认可以及良好的亲子关系，
这些感受让我们从内在建立了安全感。
我们用金钱可以"买到"炫耀的自信心，
但家庭教育却能给予我们内心的安全感。
自信心可以伪装，但安全感不可以。
前者可以被我们所拥有的物质改变，
但后者只能受我们内心的真实感受影响。
自信心并不能影响安全感，
然而安全感却能很大程度地影响自信心。

אהבה

Ahava

爱情 LOVE

爱情是给予而不是索取。
给予不是自己想给的，而是对方需要的。
索取容易，每个人都能做得到；
而给予困难，不是所有人都懂得付出。
就像爱自己的小狗或者事业一样，
爱情亦是如此：
相守的时间越久，
彼此之间的感情会变得越深。
不是因为我们爱对方才付出，
而是因为付出了才会产生爱。
越付出，越爱！

Haver

FRIEND

如果问一位犹太的智者：
"你更爱你的兄弟还是朋友？"
那么他会这样回答：
"我不会爱我的兄弟，直到他成为我的朋友。"
就像与家人和朋友之间的关系一样：
一段真挚的情谊是建立在基本的责任心之上的。
这是一种给予的义务，而不是索取的欲望。
好比慈善，友情亦如此。
当我们愿意付出更多时就一定会收获更多：
真诚的友谊、更愉快的人际关系。

תקשורת
Tikshoret

朋友或者浪漫的情人，
公司的同事或者在家里接受父母的教育……
这些场所和时间也许不同，
但它们的连接点总是一样的，那就是沟通。
它是友情能够发展、爱情得以维系的基础，
也是工作顺利进行、在家感觉快乐的关键因素。
与人沟通能够提升我们的幸福感，减少失落感。
它把我们联系得更紧密，
让我们的生活更美好、更健康、更快乐！

沟通
COMMUNICATION

הקרבה
Hakrava

SACRIFICE

付出

从工作中的客户到办公室里的同事,
从我们追求的女孩到想要成为朋友的人……
从工作到生活,场景和人物不同,
但目的是相同的:
构建信任、产生联系和提升影响力。
我们应该做什么呢?怎样才能做到?
这就是为什么"付出"是必要的,
也是"付出"能带给我们的!
展露一个真诚的笑容,致以积极的赞美,
透露一个私人的小秘密,赠予一份特殊的礼物……
付出并不局限于某种特定的行为,
但它受相似的意图驱使——那就是给予的行动。
一旦我们愿意施予了,我们甚至还能得到更多的回馈:
由此建立了信任,还有人与人之间的联系。
这种人脉和信赖能让我们的关系变得更亲近,
同时也扩大了我们的影响力!

מצווה
Mitzva

多数人把道德行为和善意的举动当作教育的一部分。
而犹太人把这两者当作教育的全部！
多数人把帮助他人、不羞辱他人，
保有责任心和正义感视为一种建议，是应该记住的。
但对于犹太人来说，
这些行为更是一种命令，是不应该忘记的。
因为当我们有了选择时就会有挑战，难以坚持了。
但如果别无选择时就不会有人逾矩，也更容易执行了。
最后，善待他人等于间接地为自己做了好事，
也会吸引周围更多的好人，
我们会感觉更开心，因此也会更健康！

戒律
COMMAND

חברותא
Havruta

共同学习
STUDY TOGETHER

我们独自学习时会默默练习。
一起学习时会相互借鉴，从而成长。
独自学习时挑战了自我，
这更艰难，有局限性。
如果和他人一起学习就要接受搭档的挑战，
这更容易，没有局限性。
工作或生活，竞争或玩耍，辩论或集思广益，
只有凝聚彼此的智慧才能做得更出色。
就像两把刀互相摩擦时才会变得更锋利一样，
两个学生相互学习，也会变得更加聪慧。

人们喜欢引用理论,
但我们真正喜欢听的是故事。
道理使我们有所领会,
但故事才能让我们真正相信。
因为道理能与逻辑沟通,
但故事触及了我们的情绪。
我们的思维受逻辑影响,
行为受情绪触动。
我们分享越多的故事,
就会越容易感化人们的行为。

Mashal

寓言　PARABLE

干杯
CHEERS

לחיים
Lechayim

在中文里，
我们说"干杯"，
意思是要"一饮而尽"！
在英语中，我们说"Cheers"，为的是酣畅地饮酒作乐。
而希伯来语中"Lechayim"（干杯）却是为了生活。
从吉祥数字18到犹太人喝酒的方式，
犹太文化的重要元素时常都与人们的生活乃至生存的观念紧密相连。
因为在犹太人的文化中唯一的确定性是不确定、唯一不变的是变化；
任何事情都不能也不应该被认为是理所当然的，
所以人们才会把感恩的情怀代代相传。
当其他文化享受着一次次愉悦的体验时，
犹太人已懂得珍惜拥有这种经历的机会；
古拉丁习语"Crepe diem"说的是"珍惜此时此刻"，
与"Lechayim"的含义不谋而合，
因为我们永远不知道明天的我们还能否如昨日般把酒言欢。

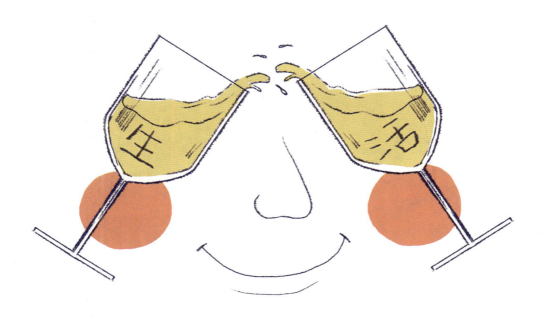

אושר
Osher

HAPPINESS

幸福

"谁是富有的人呢?
一个对自己所拥有的一切心满意足的人。"
著名犹太学者本·佐马如是说。
这是否意味着乞丐也可以被视作富有的人?
或者我们不应该有更多赚钱的欲望? 不!
金钱是获取幸福的工具,它确实能提升幸福感,
但金钱本身不是幸福!
一个露宿街头的乞丐永远不会幸福,
就像一个有钱人独自住在宫殿里也不会快乐一样!
我们往往认为幸福依赖于外部环境,
比如,拥有多少财富,买了多少车和房,
而犹太人的智慧告诉我们幸福是内在的,
一切都取决于一个人本身。
它更多的是和心态有关,而不是金钱。
因为一旦我们的衣食住行有了保障,
但缺少感激、仁慈、积极的心态和有意义的生活,
即便有再多的钱都永远无法实现它的真正价值——
增强我们内心的安全和幸福感!

Flat 358

Flat 568

Flat 111

Flat 658

Flat 668

一位运动员要接受4年的训练,才有资格参加奥运会,去力争夺得金牌。一个大学生要学习4年,才能够从大学毕业,获得学士学位。一个员工工作1年才可以达到业绩要求,从而获得年度奖励。不同的人,不同的道路,不同的目标,却有着相同的目的——幸福。但并不是所谓最终的回报能为我们带来预期的幸福,而是我们为了达成这个回报所必须经历的曲折过程。挑战越大,幸福感越强。

יצר הרע
Yetzer Hara
邪恶自我
EVIL INCLINATION

正如我们能够从内心找到快乐一样,挑战也藏于此——我们的邪恶内心。它挑战我们,以至于我们不去分享和给予,对我们的脾气不加以控制,让我们误以为自己在短期内是快乐的,但实际上这只会让我们在长期里感到痛苦。这也是快乐和不快乐的人之间的主要区别。两者都有挑战,但前者赢得的会比他们失去的要多。这造就了所有快乐指数的不同。

קבלה
Kabala

ACCEPTANCE 接受

言谈、举止和待人之道——
你会希望他人怎样说话、表现，如何对待你。
他们是胖是瘦，健谈或腼腆，
肤色是白还是黑，都不是戴着有色眼镜来判断的，
而是建立在无条件的包容之上的。
爱人如爱己是犹太文化的精髓。
但是为了爱和接受他人，
我们应该首先爱和接受自己，
因为我们只能爱和接受别人到我们爱和接受自己的程度！
但是，为了能爱和接纳他人，
我们首先应该爱和接受自己，
因为我们只有爱并接受自己了，才能在同等程度上去爱和接纳他人！
我们在别人身上看到的问题只是我们自身缺陷的镜像反应。

מאזנים

Moznaim

天平

SCALES

  我们的耳朵是负责我们身体前庭系统的器官,我们耳朵内部的问题可能导致前庭系统被干扰。一旦我们的耳朵出现了问题,就会干扰前庭系统。

  同理,我们在生活中保持的平衡也保证了我们的幸福指数,而在这一平衡中产生的问题则会干扰我们的幸福水平。太懒散或过劳工作,饮食不健康或过于讲究,太过敏感或不敏感;工作与家庭也好,爱情和朋友、理想与现实也罢,我们的幸福水平是建立在自身平衡能力的基础之上的。平衡度越高,我们就会越幸福。

המצאה
Hamtza

INVENTION
发明

是托马斯·爱迪生发明了灯泡吗？
是爱因斯坦创造了相对论吗？
"是的"，普通人这样回答；
"不是"，犹太人会这样说。
黑与白，日与夜，可见与不可见，
正如犹太人所认为的，世界分为两个层面：
第五感和第六感，我们看到了，也因此相信了，
以及我们看不见的，还有因此不相信的。
人们相信他们会发明和创造，
但犹太人知道，
他们只是发现了某种东西，并将它们联系了起来。
我们找到了，
还把那些已存在的事物和节点联系在了一起，
在这个世界上，在自己的脑海里。
这就是为什么我们需要不断思考，
不断提问，更深入地挖掘我们的大脑，
抢在别人之前去找到某一事物，
并连接所有的关键点。

עובד
Oved

  犹太人的传统与记忆有关，记忆一直都是我们犹太传统的核心部分。它与过去无关：实际上它是现在式的，也是未来式的。铭记我们的胜利：从埃及出逃（《出埃及记》）……它带给了我们面对未来的自信和信仰。谨记我们曾历经的灾难：在埃及被奴役……这迫使我们以关照那些被现在的社会忽视的人们为己任。唯有我们用大脑牢记某事时，我们才能开始用心去感受。感受到我们的员工是一个完整的人，而不是我们的用人；待他们以平等和尊重，而不是傲慢和蔑视——这被称为情感共鸣。每当我们能感同身受时，便产生了同情心；当我们感到同情时，我们的灵魂就得到了升华，同时削弱了自我意识——在这一刻，我们才能够真正地和站在自己面前的人相互联系，变得亲近。

员工
EMPLOYEE

לפרוש
Lifrosh

亚伯拉罕75岁时离开了哈兰之地,成为"国父",彻底改变了历史。摩西直到80岁才成为犹太人的国家领袖。在2007年6月时,希蒙·佩雷斯被选举为以色列总统,时年84岁。

和其他语言形成对比的是,犹太语言里并没有"退休"这个词。并不是说犹太人信仰的是我们不能从自己的工作当中退休,转而探索其他的职业,而是我们不能从生活中退休,不能停止成长。每一个生物都必须成长,就像学习并不是一项完成则已的任务,而是成长的必经之路!这个道理很明显——生活是为了成长,而成长是为了生活。

这一智慧的精华,揭示了每一位历史伟人何以成就伟大背后的秘诀:无论会有怎样的挑战,周遭的环境如何,那些英雄们、那些人们,从未停止成长。他们并不是因为不得不这样做才不退休的,而是因为他们自己想要如此!他们做着自己所信仰和擅长的事,实现了自身价值的同时也帮助他人创造价值。

TO RETIRE

退休/停止

TO QUIT

להאיר / להעיר

Lehair

发光 / 叫醒

TO ILLUMINATE / AWAKEN

爱因斯坦曾说:
"这个世界之所以危险,并非肇因于险恶的人,
而是肇因于纵容恶行的人们。"

这就是为什么我们应该主动而不是被动,积极而非消极。
不论是在工作还是生活中,与同事或朋友相处时,
我们都应该用自己的天分和能量去照耀周围的世界,
传播更多的光亮,影响更多的人。
因为有且只有人们得到了光明时,
他们才会开始变成发光体,才会作出改变。
从漆黑走向明亮,从被动到主动,从自私变成友善——他们觉醒了!
没有光芒,就会有晦暗;有光芒的地方从不会黑暗。
让我们成为一束束阳光,点亮他人的生活,照亮周围的世界吧!

מנהיגות
Manhigut

是什么让一个人成为领袖呢?
又是什么会让人们想要跟随这个领导人呢?
是他的地位、他的经验,还是他的成就?
大多数人认为领导力可以"买得到"——用地位和权威。
而犹太人却相信它只能"租得到"——用举止和行动。
前一位领袖可能知道前进的方向,但后者会付诸行动,
摸索这条道路,就为了能给大家指引方向。
前者会告诉你要做什么,也许还有怎么做,
然而后者会向你解释为什么要这样做。
一个名副其实的领导者更多的是会行动,
不单单只会用言语,更多的是启迪而非命令,
怀揣成长的而非固定的思维,在引领他人之前先领导自己。
一位真正的领袖有能力激发他人拥有更多的梦想,
学到更多,做得更多,成就更多——这就是领导力的全部要义。

עברית
Ivrit

为了来到以色列，亚伯拉罕必须离开自己的出生地，穿越幼发拉底，从而抵达以色列，这才成就了"国父"——这就是为什么希伯来单词"Hebrew"（希伯来人/希伯来语）(ivrit)的词根的本意是"去跨越"。

尽管经受身体上的病痛和精神上孑然一身的困苦考验，亚伯拉罕仍然无所畏惧地跨越身心的界限，义无反顾地勇往直前，开疆拓土，只因为他相信自己所做的事，他有决心，有要达成的目标。就像亚伯拉罕过去所做的，犹太人现在实践的亦是如此。比起随波逐流，他们宁愿动手创造；选择标新立异而非千人一面，独一无二而不是相互攀比；甘于承受失败的风险，只为享有获胜的良机。

这就是犹太人之所以脱颖而出的原因——拥有不竭的动力和跃跃欲试的热情，不断地探索全新的道路。

希伯来语
HEBREW

שמונה עשרה

Shmona Esre

人们重视生命吗？大部分人可能都会。那他们真的在"过着"这样珍贵的生活吗？大部分人可能没有。和其他文化相似的是，犹太人也强调生命的价值。但与其他文化不一样的是，犹太人会试着给这种珍贵的生活赋予意义：用友善和无私的奉献向他人援助，满怀谦虚和勤奋的心去成长和学习，从不停止探寻其中的意义和目标，就为了实现这种价值。对于犹太人来说，"Chaim"（希伯来语数字18）象征着生命坚韧的价值，以及支撑它的希望；它提醒着我们自己肩负着重视生命的义务，更重要的是要过上有价值的生活——成为有价值的人，过着有意义的人生。

לבן & כחול
Kahol & Lavan

以色列国旗上，有tallith（犹太男子晨祷时戴的有穗披巾），还有"大卫之星"（本质上是"六芒星"），元素不同，颜色却一样：蓝与白。白色是光线的本来颜色，不加任何修饰，代表我们的心灵、情感的部分——纯洁、信念、信仰和信任。蓝色是天空的颜色，是我们肉眼可见的，象征着我们的力量、理智的部分——智慧、知识、思维和精神的发展。

心里的信仰会让我们坚持，智慧的大脑会让我们思考；有坚持而没有思考，或者有思考而没有坚持，一切都将徒劳无益。

蓝色与白色
BLUE & WHITE

人们一想到犹太人,就会联想到智慧。当犹太人思考智慧时,他们的脑海里会浮现出塔木德。每当犹太人想到塔木德时,他们会想起「Pilpul」。

「Pilpul」是一个由希伯来单词「Pilpel」衍变来的描述性词语,有胡椒的意思,因此为我们解释「塔木德」的全部含义:与他人激烈地争论。

一对拍档,两个人,一个观念,两种观点,一个目的:为了辩论。因为塔木德的概念和用途不只是与答案,与最终的结果相关,它实际上是争论这一持续进行的过程。

因为辩论挑战着我们去思考,而思考则帮助我们在心灵和精神上成长,而这也囊括了塔木德的所有要义:助力我们成长,从而变得更加明智,思想更为敏锐,就像辛辣刺鼻的胡椒一样。

תלמוד
Talmud
塔木德
TALMUD

158

辩论赛

辩题：
吃辣椒是否利于身体健康？

正方　　反方

健康是我们所有人都珍重的，
然而它并不是我们付出了足够的努力去捍卫的。
我们在工作中有失意和挫败，
在外边跟朋友起了争执，在家里批评了孩子，
控制不住自己的怒火。
我们吃垃圾食品，喝碳酸饮料，
对自己的营养不加以管理。
工作时间坐在办公室里，
就像坐在家里看电视一样，
我们缺少充足的运动。

健康是我们每个人都想要保护的，
但为了能够做得到，
我们要抑制自己的怒气，
增加营养的摄入，多加活动，锻炼身体，
由此我们的生活才能得以改善。

בריאות

Briut

健康 HEALTH

שבת
Shabbat

　　手机有电池，人们也有能量。就像电池每天需要充电一样，我们每个周末都必须补充能量。低电量的手机和能量不足的人一样，两种不同的情形导致一个相似的结果：能量缺失，效率低下。

　　这就是犹太人发明安息日的原因。安息日是一个能让我们阅读、旅行、玩耍、与家人朋友共度时光的日子，我们可以自由支配，做任何想做的事，为了让自己从工作当中抽离出来。

　　犹太人"按下暂停键的一天"是为了帮助我们把重心重新放回自己身上，以滋养心灵和精神，恢复体能的同时充满力量——帮助我们配备新能量和提高效率，为新的一周做好准备。

周六
SATURDAY

纵观历史和全人类演化的进程,
不同的时期,情景相似,
人类都在经历着同样的事情:
民族与民族之间战斗,国家与国家动干戈。
我们因为不同的信仰、观点和想法而斗争,
因为宗教、历史和领土问题互不相让。
我们和外面的人有纷争,也在和自己的内心斗争。
我们的争吵是自尊心、虚荣心、憎恶、嫉妒和偏见使然。
我们不是出于任何逻辑上的目的而作战,
只是由于一个情感上的动机:
那毁灭性的自我就要战胜积极的灵魂了,
它渴望控制与寻求和平的灵魂之间的那场战争。

金钱、成就或成功,
只是帮助我们找到与自己内心一样渴求和平的不同方式。
但只要那个自我还是这个等式的一部分,
那么不管我们有多么成功,或者赚了多少钱,
都不会经历或者达到自己想要的那份平静。

אברע כדברע
Abracadabra

境由心生
CREATE AS I SPEAK

  有些人憎恨自己的生活，他们做每一件事都会遇到困难。有些人对生活失去了信心，他们无论做任何事都会失败。还有一些人热爱生活，他们创造着一切自己梦寐以求的事物。

  虽然家庭和周围的环境确实会有一定的影响，但实际上这是我们的思维和大脑能作出改变的。犹太人坚信："只要我们说得到，就一定能创造得出。"

  不，这并不是说我们能让一只恐龙瞬间出现在厨房里，它的意思是通过转变思维，我们能改变自己的生活。比如让工作的环境变得更友好，减少敌意，成为一个更放松、更怡然自得的人，从失败者变为成功者。

  因为外面的世界是静止的，它不会改变。会变的是我们内心的世界，以及我们如何看待它。当我们有能力改变自己"动态的世界"和内心看问题的角度时，我们就能自发地改变外面的世界了。

גמל

Gamal

常常被冠以"沙漠之舟"美称的骆驼拥有得天独厚的优势。
十分强壮的双腿和背上的驼峰，能够驮起重物，
即便没有食物和水也能走很长的一段路，是主人的得力助手。
但骆驼确实也有一个很大的缺陷：它从来都看不到自己的驼峰。
就像骆驼一样，我们人也是，
我们总喜欢注意、议论、指出、批评和取笑他人的"驼峰"，
然而却并不明白自己从那里看到的问题刚好反映了自身的问题。
因此，让我们试着多一点宽容，内心里多一份谦逊，
同时结合有效的"瑜伽练习"，让我们那"又高又壮的脖子"变得更灵活一些。
而不是总把目光聚焦在外界和眼前的问题上，
我们也不妨回头看背后的风景，同时反观存在于自己内心的问题。

骆驼

CAMEL

כלב

Kelev

DOG

狗

狗可以协助一个失明的人,
就像它能陪伴一位战斗中的士兵一样。
在我们开心时狗会和我们一起玩耍,
沮丧时它也会安慰我们。
狗会把一切都献给你,
不是因为你做了什么,
而是因为你本人!
这就是所谓真挚、无条件的爱:
愿意接受而不是尝试改变他人,
分享爱而不是一昧地索取。
忠诚、扶持和牺牲,
是真诚友谊里的一些重要的品质,
也是我们能从狗的身上学习到的;
如何用一颗爱心而不是自私的自我,
让自己成为一个更好的朋友,更完整的人,更有益的人,
为了他人,为了我们自己,为了我们周围的世界。

סקרנות

Sakranut

好奇心

CURIOSITY

好奇心是所有孩子天生的品质，
也是少数成人还能保留的特征。
一个好奇心强的人喜欢四处张望，
想要知晓和发现新的事物，
乐于探索，不惧发问，
不只是会问"是什么"，也敢问"为什么"。
然而有好奇心的人单纯是由自己的欲望驱使的，
就为了能满足好奇心，
正是这一个"平淡无奇的意图"，
促使他们去发现一个意想不到的创新点。
因为只有当我们真正期待探索更多事物时，
才能有更确切、深入地了解：
理解"是什么"，
还有这个"是什么"背后的"为什么"，
并且找到"为什么"背后的问题和机会；
而这就是创造与创新的所有内涵！

制定法律为的是创建一个清晰的框架——让人们知道他们应该怎样行动和表现。例如,"不要偷别人的东西""上午九点前务必到岗""不要滥用职权",还有"给你的女友买一个生日礼物"……对于大多数人来说,法律是用来遵守和限定性地指导行为的准绳。

לפנים משורת הדין
Lifnim Meshurat Hadin

对于犹太人来说,法律只是自己乐意采纳和用以思考的基本依据。如,"捡到失物要物归原主""傍晚六点后仍坚守岗位""接济穷人",还有"给你的女友准备一份礼物,没有任何理由"。因为在犹太文化里,一个人永远都不能满足于践行法律本身,而是必须寻求做到高于这一要求的标准;用我们的大脑思考,身体力行,这就是我们自我成长的方式,也是我们能够如何改善周围世界的方式。

超出严格的法律界限
BEYOND THE STRICT LINE OF THE LAW

מסורת
Masoret

传统是一个代代相传的文化遗产。但传统不只是关于宗教、民俗或文化，每一个社群、每个组织和家庭都有自己特有的传统，如，他们如何装扮，如何庆祝，吃什么食物，还有生活的方式。

就像奥运会的火炬要在被选中的人之间井然有序、负责任地传递一样，每一个接受和继承传统的新生代也是如此，他们会被要求保留和传承给他们的下一代。

传承并不是一件容易的事，它需要付出努力和全身心地投入，但如果做得正确，它就会带来绵绵不尽的回报：温暖的感觉、归属感、内心的稳定、成长的动力，以及向外界不断求索的力量。

传统

TRADITION

1　מנש　Mensch　人
"Mensch" 是一个源自德语的外来词，常被用来描述具有道德价值观的人。

2　אדמה Adama　土地
希伯来语中表示地形地势或土地的词语，构成里都含有"人类"一词。

3　חופש　Hofesh　自由
希伯来语"自由"一词包含了"寻找"/"探求"的动词词根。

4　אמת　Emet　现实/真实
希伯来语中，"现实""信仰"和"实践"这三个词都由同一词根衍变而来。

5　להתבגר Lehitbager　成长
希伯来语动词"成长"的词根包含了跟动词"战胜"相同的字母组合。

6　לך לך　Lech Leha　为自己前行
希伯来语"Lech Leha"是由两个书写形式相同的词组合而成，发音也相似，但含义完全不同——前者代表努力采取行动和冒险，而后者则强调我们将从中得到的回报和收获。

7　הכרת הטוב　Hakarat Hatov　感恩
希伯来语"感恩"是由两个单词组成："辨、善"。强调感恩是一种特质，就像智慧一样，一种专注于辨别我们生命中真正有价值的事物的能力。

8　סבלנות　Savlanut 耐心
希伯来语"忍耐"一词涵盖"痛苦"。

9　חוצפה　Chutzpah 肆无忌惮
希伯来语"Chutzpah"是一个源自犹太意第绪语的独特词汇，不能被翻译成其他任何的语言。它由另外两个词组成："Chutz"（向外）+"Pah"（嘴巴）字面意思是"脱口而出"，强调什么是"Chutzpah"：有勇气思考、说话和行动。

10　שומר ראש　Shomer Rosh 护卫
希伯来语"护卫"就像英语一样，由两个单词组成。然而与英语不同的是，紧挨着"保卫"的第二个单词不是身体，而是大脑，强调犹太文化对保护大脑的重视程度。

11　מים　Maim 水
希伯来语的单词"水"以字母"M"开头，该语境下等同于数字40，这一数字在犹太文化中和水一样，它的存在代表着转变的过程。

12　ראש　Rosh 首脑
希伯来语表示"首"字的词也有用在其他的单词和连接词里，意味着崭新的、领导者的、第一的，还有与思维相关的……

13 הצלחה Hatzlaha 成功
希伯来语"成功"一词隐含着"游泳"这个动词的意思，或者说是成功地从河流的一边游到对岸的过程。

14 מעפן Mafan 麻烦
希伯来语"Mafan"一词暗指某种"不好"的事，与中文里的"麻烦"发音相似。

15 בני אדם Mehalchim 人类
在希伯来语中，"Mehalchim"是用来代指人类的另一种表达方式。

16 תיקון עולם Tikun Olam 修复世界
在希伯来语中，"Tikun Olam"是一个犹太人的观念，意思是"修复世界"。

17 אתמול / מחר Mahar / Etmol 明天 / 昨天
在希伯来语中，"Etmol"（昨天）一词与"Mahar"（明天）一词中分别含有"在前面"（昨天）和"在后面"（明天）这两个词汇。

18 כוונה Kavana 意向
在希伯来语中，表示"意向"或"意义"的"Kavana"这个单词里隐藏着"方向"这个词语。

19 אחדות Ahdut 团结
在希伯来语中，代表"团结一致"的"Ahdut"一词中夹杂着数字"1"的书面文字。

20 הגינות Haginut 公平
在希伯来语中，"Haginut"，意味着公平，这个词里有动词"保护"的词根。

21 להנציח Lehanziah 牢记不忘
在希伯来语中表示"牢记不忘"，"Lehanziah"一词里包含着"永恒"一词。

22 גמול Gmul 回报
在希伯来语中表示回报，"Gmul"一词中暗含着"在前面"这个介词。

23 תקווה Tikva 希望
在希伯来语中，意指"希望"的"Tikva"一词，同时也是以色列犹太人的国歌的名称。

24 מנהג Minhag 习俗
如果把希伯来语中表示"传统习俗"的词"Minhag"反向倒着写的话，就会变成一个全然不同的词：地狱。

25 מזל Mazal 运气
希伯来语中意为"幸运"的"Mazal"一词，在一些重大事件还未有结果之前不能用来"祝愿"某人，比如一场考试或者竞赛，只能在他们已经达成目标或者成功完成某项任务之后表示贺喜。

26 אסור　Asur　不允许
希伯来语中表示禁止的"Asur"一词隐含着"囚禁"这个动词的词根。

27 פיקוח נפש　Pikuah Nefesh　拯救生命
希伯来语中说的"Pikuah Nefesh",强调了人类的生命高于一切,不该因任何身外之物而被牺牲。

28 פנים　Panim　脸
希伯来语中"Panim"一词指的是"脸",和表示"内心"的单词写法一样,发音也相似。

29 הרגל　Herghel　习惯
希伯来语中意为"习惯"的词"Herghel"里隐藏着"脚"这个单词。

30 מעשר　Ma'aser　捐款
希伯来语中意味着"缴纳什一税"或者"捐赠"出自己10%的金钱的"Ma'aser"一词,和表示"变得富裕"的动词发音相似。

31 אושר/עושר　Osher　幸福 / 有钱
在希伯来语中意为"幸福"和"富裕"的词语发音相同:"Osher"。唯一的区别在于第一个字母:幸福一词中的"Alef"和富裕的"Ein"。在字典里,"Alef"出现在"Ein"之前。

32 עושר　Osher　有钱
在希伯来语中"Osher"这个词意味着"富裕",如果反向倒着写就会变成另一个词:邪恶。

33 כסף　Kesef　金钱
希伯来语中表示"金钱"的单词"Kesef"也有"银色"的意思（不同于中文里的"金色"）。此外，金钱还与希伯来语中的动词"渴求"或者"欲望"相关。

34 שלם　Shalem　完整
希伯来语中表示完整的单词"Shalem"的词根与"和平"和"正直"的词根相同。

35 שפע　Shefa　富足
希伯来语中有"充足和富饶之意"的"Shefa"一词，如果倒着写就变成了另一个词：腐烂。

36 צדקה　Zdaka　慈善
希伯来语中意为"慈善"的单词"Zdaka"是由"正义"一词衍生而来的。

37 מאמץ　Mamatzh　努力
希伯来语中表示"努力"的词语"Mamatzh"构成中包含"勇气"这个词。

38 אחריות　Ahrayut　责任感
希伯来语中表示"责任心"的"Ahrayut"一词暗含着三个单词："Alef"字母指某人自己，"Ah"指兄弟姐妹（我们的亲人），还有"Aher"这个词，指的是其他的人。

39 ישר　Yashar　正直
希伯来语中"Yashar"指的是诚实正直和公正的人，也用来暗指某个事物笔直的方向或者某人直立的姿势。

40 דבקות במטרה　Dvekut Bamatara　坚持
希伯来语中表示"坚持"的"Dvekut Bamatara"一词由两个词语组成，字面上可以翻译成"坚持目标不动摇"。

41 כבוד　Kavod　尊重
希伯来语中表示"尊重"的"Kavod"指各种不同的场合和事物，用同一个词针对人类、动物、植物或者上帝。

42 צניעות　Zniut　谦虚
希伯来语中表示"谦虚"的"Zniut"一词源于动词"隐藏自己"，指的是让自己看起来更小、更不起眼的行为。

43 חוכמה　Hochma　智慧
犹太人认为真正的智慧是独立的判断、善于提问的好奇心和延迟短期满足感的耐心这三种质素的结合。

44 לדבר　Ledaber　讲话
希伯来语意指一种"事物"的"Davar"一词，起源于希伯来语动词"说话"和"讨论"。

45 גניבת דעת　Geneivat Da'at　盗取思维
希伯来语"Geneivat Da'at"的字面意思是盗取某人的心灵、想法、智慧或者知识；举个例子：指的是导致某人产生错误的猜想、信念或者是印象的任何语言或行动。

46 מצפון Mazpun 灵魂
希伯来语"灵魂"一词隐含着"罗盘"这个单词。

47 בגד Beged 衣服
希伯来语"衣服"一词的构成中包含了"背叛/出卖"的动词。

48 רחמים Rahamim 怜悯之心
在希伯来语中，表示"怜悯之心"的情感的单词涵盖另外一个单词：子宫——女性的器官，意指"怜悯之心"这种情感应发自内心。

49 אם/אב Av/Em 爸爸/妈妈
在希伯来语中，爸爸和妈妈也会有其他的代名词："来源/起源"指的是爸爸，"前臂"指的是妈妈。

50 אחות/אח Ah/Ahot 哥哥/姐姐
在希伯来语中，"兄弟姐妹"这个单词也会被用来指代医院里的护士。

51 הורה Horeh 家长
在希伯来语中，"父母"和"老师"这两个词发音是相似的。

52 נעשה ונשמע Na'ase V'nishma 先行动，再思考
正如古老的希伯来谚语所说的："Na'ase V'nishma"这一表述是由两个单词组成的，并以新的次

序呈现了出来：意为"行动"的"Na'ase"在前，表示"倾听（指的是思考/分析）"的"Nishma"在后。

53 לנסות Lenasot 尝试
表示"尝试"的希伯来语动词中，我们可以找到"奇迹"这个词。

54 חינוך Hinuch 教育
希伯来语"教育"一词与"开辟、举行开业/就职典礼"的动词相关。

55 ללמד Lilmond / Lelamed 学习/教导
希伯来语"学习"与"教导"这两个词听起来相似，并且来源于同一个词根。

56 לשאול Lishol 提问
希伯来语"提问"一词中隐含了动词"借用"的词根。

57 למה Lama 为什么
希伯来语"为什么"一词是由表示"什么"这个词和表示学习概念的字母"Lamed"组成的。

58 בטחון Bitahon 安全感/自信
在希伯来语中，代表"自信心"和"安全感"的词是同一个。

59 אהבה Ahava 爱情
希伯来语"爱情"一词中含有动词"给予"的词根。

60 חבר Haver 朋友
希伯来语"朋友"一词暗含着"义务、责任"这个词。

61 תקשורת Tikshoret 沟通
希伯来语"沟通"一词中含有"打结、联系"这个词。

62 הקרבה Hakrava 付出
希伯来语"付出"中间含有"靠近"这个词。

63 מצווה Mitzva 戒律
希伯来语"戒律"一词是词语"命令"和"团结友爱"的组合。

64 חברותא Havruta 共同学习
希伯来语"Havruta"一词不能被翻译成其他的语言（无法找到相对应的词），它是"朋友"与"和睦相处"的组合。

65 משל Mashal 寓言
希伯来语"寓言"一词与动词"制定规则"有关。

66 לחיים Lechayim 干杯
当犹太人举杯畅饮时，它们会说"Lechayim"，意思是"为了生活"。

67 אושר Osher 幸福
在希伯来语中，各种各样不同固定的词语强调不同种类的幸福，它们都暗含着纷繁复杂的体验，然而这其中没有一个词是与物质或者受金钱驱使的快乐相关。

68 יצר הרע Yetzer Hara 邪恶自我
希伯来语单词"邪恶的倾向"或者"自我意识"同时也是动词"创造"的词根。

69 יקבלה Kabala 接受
在希伯来语中涉及"接受"的词同时也代指接收一个实物、接纳一个人或者一个观点的行为。

70 מאזנים Moznaim 天平
希伯来语单词"天平 / 平衡"中含有"耳朵"这个词。

71 המצאה Hamtza 发明
希伯来语单词"发明"中含有动词"寻找、发现"的词根。

72 עובד Oved 员工
希伯来语单词"员工"来源于"奴隶"这个词。

73 לפרוש Lifrosh 退休 / 停止
纵观希伯来语，没有一个与"退休"相对应的词。

74 להאיר / להעיר Lehaier 发光 / 觉醒
希伯来语单词"发光"和"觉醒"的发音相同，唯一的区别在于两个单词中间的一个字母：表示"发光"的"Alef"和"觉醒"的"Ein",而在字典里"Alef"这个字母排列在"Ein"之前。

75 מנהיגות Manhigut 领导力
希伯来语单词"领导力"来源于"行为"这个词。

76 עברית Ivrit 希伯来语
犹太人的语言"希伯来语"这个名词过去被用来指代犹太人,源于动词"跨越",象征着站在另一边的、与众不同的某人。

77 שמונה עשרה Shmona Esre 十八
希伯来语的数字18是犹太人的吉祥数字,代表着字母"Chai"和"Yud"的组合,意思是"活着的"。

78 לבן & כחול Kahol & Lavan 蓝色/白色
犹太人最具象征性的颜色是蓝和白。希伯来语中"白色"单词中间隐含着"心脏"一词,而"蓝色"这个词则含有"力量"一词。

79 תלמוד Talmud 塔木德
希伯来语单词"塔木德"源自动词"学习/教导"。

80 בריאות Briut 健康
希伯来语"健康"一词其实是一句老话的缩写:"控制脾气、适当进食、多运动。"

81 שבת Shabbat 周六
希伯来语"星期六"一词起源于动词"停止/稍息"。

82 שלום Shalom 和平
希伯来语单词"你好"也被用作表示"和谐"。

83 אברע כדברע Abracadabra 境由心生
魔术师在表演过程中常常会用到的词"Abracadabra"起源于希伯来语,意思是"只要我们说得到,也就一定能创造了"。

84 גמל Gamal 骆驼
在犹太文化里,骆驼尽管优点很多,却有一个很大的缺点,就是看不到自己的驼峰。由此被用来形容一个认为自己十全十美却不承认或者不能识别个人瑕疵的人。

85 כלב Kelev 狗
希伯来语"狗"由一个词组组成:"像一颗心一样"。

86 סקרנות Sakranut 好奇心
希伯来语"好奇心"一词中含有动词"去探索/四处看看"的词根。

87 לפנים משורת הדין Lifnim Meshurat Hadin 超出严格的法律界限
希伯来俗语"Lifnim Meshurat Hadin"的意思是"超越法律本身"。

88 מסורת Masoret 传统
希伯来语"传统"一词包含了动词"传承、延续"的词根,同时也与投入和承诺的行为密切相连。

李聪颖

《"犹"智的思维》插画师。
华南农业大学硕士,
《红领巾》杂志合作插画师,
拥有四本出版读物,
擅长科普、商业插画等绘画风格。